ESSAI

DE

POLITIQUE PRATIQUE.

— 1849. —

ESSAI

DE

POLITIQUE PRATIQUE.

C'est icy un Livre de bonne foi, lecteur.
MONTAIGNE.

A une époque où l'ordre social semble ébranlé jusqu'en ses fondements, où les choses les plus saintes sont chaque jour attaquées et mises en question, chacun doit à son pays le tribut de ce qu'il croit vrai et utile. Heureux s'il peut contribuer, pour une faible part, au triomphe des éternels principes sur lesquels reposent les sociétés !

La République sera désormais la forme, la démocratie le principe du gouvernement de la France.

Le règne des dynasties est passé sans retour. La royauté chez nous est une religion dont la foi est morte. Depuis un demi-siècle, trois trônes ont disparu ; la royauté du génie et de l'audace est tombée, parce que pendant quinze ans elle étouffa la liberté dans les bras de la gloire ; la royauté du droit divin osa porter la main sur nos institutions : son dernier rejeton expie dans l'exil les fautes de sa race. Enfin la royauté de la corruption et de la ruse a fui, ensevelie sous l'indifférence et le mépris public.

La France a donné le signal ; d'un bout à l'autre de l'Europe, le principe du droit divin chancelle et tombe, et la prophétie de Napoléon à Sainte-Hélène se réalise : Avant trente ans, l'Europe sera républicaine.

Nul en France, avant le 24 février, n'a prévu et n'a pu prévoir l'établissement de la République. On peut dire qu'à l'exception d'une très faible minorité personne ne la désirait ; mais toute la nation, c'est-à-dire tous les hommes sincèrement amis de leur pays, les honnêtes gens de tous les partis l'ont acceptée loyalement et sans arrière-pensée, parce que, la monarchie étant devenue impossible, la République c'était la patrie et la France.

La démocratie ne dépend pas exclusivement d'une forme de gouvernement plutôt que d'une autre ; cependant la forme républicaine paraît être celle qui convient le mieux à son développement. La monarchie constitutionnelle sincèrement pratiquée, offre de nombreuses garanties de stabilité et de vraie liberté. L'hérédité du pouvoir exécutif est un puissant élément d'ordre ; c'est surtout une garantie contre le despotisme : « Les peuples, dit Rousseau, se donnent un chef pour n'avoir point de maître. » Témoin l'Angleterre qui possède depuis près de deux siècles une véritable république, mais une république aristocratique.

Souveraineté du peuple.

La plus importante conquête de la Révolution française est, sans contredit, le grand principe de la souveraineté nationale, en vertu duquel, au lieu d'être le patrimoine d'un homme, d'une famille ou d'une race, une nation s'appartient à elle-même, et garde l'inaliénable droit de se donner des lois. Seule, la souveraineté nationale est de droit divin, parce qu'étant l'exercice de la volonté générale elle peut seule diriger les forces de l'Etat vers le bien de tous. Trop long-temps les rois ont considéré les peuples comme leur propriété, et comme un héritage de leurs ancêtres qu'ils devaient transmettre à leurs descendants. Ce dogme du droit divin, principe d'ordre et de durée alors que les peuples vivaient dans l'ignorance et le respect superstitieux pour la personne de leurs rois, s'est évanoui devant le flambeau de la philosophie du dix-huitième siècle, qui vint dissiper les ténèbres de quatorze siècles d'ignorance et d'esclavage, et préparer l'immortelle Révolution française, le plus grand fait des temps modernes. Qu'est-ce, en effet, que la Révolution française, si ce n'est la masse des idées nouvelles jetées dans le monde par les grands écrivains du dernier siècle, idées d'égalité et de liberté qui moralisent et élèvent l'homme, idées fécondes qui gouvernent le monde après l'avoir régénéré !

Ce que c'est que le peuple.

Depuis la révolution de février, on n'a cessé de dire au peuple de Paris : Peuple, c'est toi qui as fait la révolution ! Peuple, tu es souverain ! Comme si les révolutions se faisaient à coups de fusils ! comme si elles ne devaient pas être faites dans les idées avant de se traduire en faits ! La dynastie de juillet est tombée, bien moins parce qu'elle a été attaquée par quelques bandes armées, que parce que pendant dix-huit ans elle avait sacrifié les intérêts et la dignité de la France à l'extérieur, et s'était obstinément refusée aux réformes demandées par le pays tout entier. Quand on parle au peuple de sa souveraineté, on entend par peuple cette partie de la population des grandes villes, toujours prête à servir les ambitieux qui la paient ou la flattent ; et le peuple paisible et laborieux des campagnes, ces vingt-quatre millions de citoyens qui nourrissent le pays, ils ne sont pas le peuple, eux, parce qu'ils ne sont pas des instruments d'émeutes et de révolutions ! Le PEUPLE, dans l'acception vraie du mot, c'est l'universalité des citoyens à quelque classe qu'ils appartiennent, c'est la nation tout entière. Avant 1789, le peuple, c'était cette troisième partie de la nation qui ne possédait rien, qui payait tout, et qui, selon l'expression de Sieyès, n'était rien en droit et devait être tout en fait. Aujourd'hui, on voudrait imposer à la France l'aristocratie de la populace, la pire de toutes parce qu'elle est la moins éclairée ; mais nulle portion de la nation ne peut parodier à son profit le mot de Louis XIV, et dire insolemment : Le peuple, c'est moi. Il faut que le peuple de Paris perde le détestable privilège d'imposer sa volonté et ses passions au reste de la France ; il faut obtenir une décentralisation plus désirable encore que celle de l'administration, la décentralisation révolutionnaire.

Devise de la République.

La République de 1848 a pris pour devise ces trois mots : Liberté, Égalité, Fraternité.

La liberté n'est et ne peut être autre chose que le droit de faire ce qui n'est pas défendu par les lois.

L'égalité, c'est celle des devoirs, qui donne l'égalité des droits ; c'est l'égalité civile enfin, le plus grand bienfait de la Révolution française. Il n'y en a pas, il ne saurait y en avoir d'autre.

La fraternité, c'est ce but sublime où l'homme doit toujours tendre, c'est ce principe évangélique et divin qui dit aux hommes : Aimez-vous comme des frères, entr'aidez-vous les uns les autres ; mais la fraternité est, comme la charité, une vertu que la religion peut prescrire, mais que la politique pratique ne saurait ordonner. La fraternité s'inspire et ne se décrète pas. Personne plus que nous n'aspire à cet avenir où les citoyens d'une même patrie ne formeront plus qu'une famille de frères ; mais nous croyons que c'est plutôt un souhait de philosophe qu'une prescription de législateur; et nous eussions voulu voir compléter la devise de la jeune République par les mots : Ordre public, afin que chaque citoyen ne séparât pas dans son cœur la liberté et l'ordre qui ne peuvent exister séparément. Non, sans ordre aucune société ne peut subsister, et celle qui pourrait se passer de liberté ne mériterait pas d'être. Nous aimons la liberté de toutes les forces de notre âme, parce qu'à nos yeux elle est la moralisation et la dignité de l'homme ; mais nous le disons hautement, s'il fallait que pour un temps l'ordre ou la liberté disparussent , notre choix ne serait pas douteux.

Famille et propriété.

Nous ne savons s'il existe des hommes jouissant de la plénitude de leur raison, qui rêvent la destruction de la famille ; s'il en est réellement, nous ne nous sentons le courage ni de les maudire, ni de les combattre ; nous ne pouvons que les plaindre du fond de notre âme.

Quant à la propriété, elle a été ouvertement attaquée ; c'est, à notre avis, un signe de décadence et de dissolution sociale, lorsqu'on en vient à discuter les bases éternelles de toute société. Avant la Révolution de 1789, la propriété en France était à peu près ce qu'elle est encore aujourd'hui en Angleterre, le monopole de quelques classes et de quelques familles. On peut dire qu'aujourd'hui, chez nous, la propriété est le fruit légitime du travail et de l'industrie. On aura la preuve que le fondement du droit de propriété est le travail en remontant à l'origine des sociétés. Comment le premier occupant a-t-il acquis ? c'est en travaillant, c'est en fertilisant la terre qu'il l'a faite sienne. La propriété est donc aussi sacrée que le travail qui lui a donné naissance. Elle est la base de la société, de la famille et de la moralisation de l'homme. Vouloir y porter atteinte, c'est mettre la société elle-même en question, c'est vouloir nous ramener à l'état sauvage. Ce qui nous rassure en présence de doctrines insensées, c'est le bon sens profond de la nation. Si l'abolition de la propriété était possible, la France serait le dernier pays du monde où elle pourrait être tentée avec succès. Morcelée à l'infini depuis cinquante ans, elle s'est, pour ainsi dire, démocratisée en devenant accessible à tous ; et, si elle était sérieusement menacée, vingt millions de bras se lèveraient pour la défendre.

Quel homme oserait dire que le sort de la classe si nombreuse des travailleurs lui importe peu, qu'il est des êtres naturellement et fatalement voués à la misère et aux privations ? Non, par le cœur, non, par la raison, il faut faire tout ce qui est possible, tout ce qui est praticable pour améliorer le sort du plus grand nombre ; le cœur nous y pousse, la raison nous l'ordonne. C'est là le premier des devoirs d'un gouvernement démocratique ; mais ainsi que l'a dit, avec une haute raison, un des hommes d'État les plus éminents de ce temps-ci, promettre au peuple plus qu'on ne peut lui donner, c'est le tromper et l'exposer à des déceptions, dont il se venge ensuite, le fusil à la main.

On a dit et l'on répète que la révolution de février est une révolution sociale, et on entend par là que toute la société est à refondre et à reconstituer. La révolution sociale s'est faite il y a soixante ans, lorsque nos pères ont, selon la pittoresque expression d'un grand poète, tiré un monde nouveau des flancs de l'ancien monde. Leur tâche fut de renverser et de détruire ; la nôtre est d'édifier et d'améliorer. Non, la société n'est point à refaire ; elle repose sur des bases immuables et sacrées, parce que ce sont celles de la nature même.

Organisation du Travail.

L'organisation du travail, voilà le grand mot (et c'est avec des mots trop souvent qu'on mène les hommes), jeté au peuple dès le lendemain de la révolution de février, comme si toutes les conditions et toutes les bases du travail actuel étaient à changer, comme si le travail tout entier était à organiser ! Comme on n'a en vue que les ouvriers des grandes villes, on oublie que la France renferme environ quinze millions d'individus vivant de leur travail : hommes, femmes, enfants. Si donc on voulait réellement organiser le travail, il faudrait que l'organisation embrassât ces quinze millions de travailleurs ; ce serait donc le pays tout entier qu'il faudrait transformer en ateliers. On eut parlé plus justement en disant : amélioration du travail. Dans une société bien organisée, chacun doit pouvoir vivre du fruit de son travail, et le premier devoir d'un bon gouvernement est d'arriver, par tous les moyens possibles, à l'amélioration progressive, à la moralisation et au bien-être des classes laborieuses. Mais en toute chose et surtout en politique, les améliorations, pour être durables, demandent à être long-temps couvées par le temps. On n'improvise rien, ni les lois, ni les institutions ; elles sont le fruit de l'expérience et du temps. La politique est une science positive et pratique ; il faut en exclure l'imagination, le sentiment et la poésie.

Des retraites assurées aux travailleurs, le principe salutaire et fécond, mais libre et volontaire, de l'association encouragé par l'Etat, ce sont là les principaux éléments qui nous paraissent devoir résoudre la grande et importante question du travail et de l'avenir des classes laborieuses. Une instruction large et gratuite, voilà le pain moral qu'il faut au peuple ; instruisez-le, vous le rendrez meilleur ; rendez-le meilleur, vous le rendrez plus heureux.

Nous ne parlerons pas ici des idées d'un trop célèbre utopiste qui, avec la prétention d'organiser le travail, n'a organisé que le chômage et la guerre civile : le bon sens et la juste fierté des ouvriers eux-mêmes en ont depuis longtemps fait justice ; ni de tous ces prétendus systèmes qui, sous les noms de fourriérisme, communisme et socialisme, essaient de rajeunir des idées anciennes et jugées : il y a des doctrines qu'on ne discute pas ; les énoncer, c'est les réfuter.

L'énorme agglomération des ouvriers dans les grandes villes et dans ce qu'on appelle les centres de fabrique, tandis que l'agriculture manque de bras, voilà la véritable cause de la misère des travailleurs. Les gouvernements qui se sont succédé en France, depuis un siècle, ont surtout favorisé, protégé le développement industriel. Les capitaux, l'activité intellectuelle, le travail, en un mot les forces productives de notre pays ont été détournées de la production agricole, et conviées aux grandes entreprises de l'industrie. Il en est résulté qu'incessamment attirés dans les villes par un salaire plus élevé, par l'attrait de jouissances plus vives et plus nombreuses, les habitants des campagnes abandonnent l'agriculture qui leur donne une existence médiocre, souvent pénible, mais saine, tranquille et assurée, pour aller chercher au sein des villes les dangers de professions insalubres et souvent mortelles. Ils quittent le travail à l'air libre sous le soleil et le ciel, pour l'air corrompu des cités et des manufactures. Les malheureux! ils préfèrent les villes, triste ouvrage des hommes, aux campagnes, œuvre sublime de Dieu !

Quand arrivent les temps de chômage, ils couvrent le pavé des grandes villes et deviennent les soldats de l'émeute, toujours prêts à servir d'instruments aux ambitieux habiles à exploiter le désœuvrement et la faim. Ce qu'il faut faire, c'est retenir par tous les moyens possibles dans les campagnes les ouvriers qui les désertent en foule. Voilà la véritable organisation du travail. On rendra ainsi à la mère nourricière du pays les bras qui la fécondent et qui lui manquent chaque jour davantage, et on dissoudra ces foyers permanents d'émeutes et de révolutions.

Agriculture.

L'agriculture est le premier des arts ; elle doit être la plus grande préoccupation d'un Etat, comme elle est sa plus grande source de richesse. Par son étendue, son climat et la fertilité de son sol, la France est un pays essentiellement agricole ; et cependant une notable portion de son territoire, environ sept millions d'hectares, est inculte. Tributaire de l'étranger pour une foule de produits que comportent son sol et son climat, la France, qui ne produit pas même tout le blé nécessaire à sa consommation, reste, pour la culture, dans un honteux état d'infériorité vis-à-vis de plusieurs nations. En Chine, ce pays que nous croyons barbare, l'agriculture tient le premier rang ; chaque année, l'empereur préside à la fête de la terre et trace de ses mains le premier sillon. Anoblir, rehausser le noble métier qui nourrit le pays, qui lui donne des citoyens et des défenseurs sains et robustes, voilà la tâche de ceux qui gouvernent. Les moyens les plus efficaces de faire prospérer l'agriculture sont à notre avis : d'abord, le dégrèvement de l'impôt foncier qui écrase la propriété et qui permettra au propriétaire de consacrer lui-même à des amélioratons la partie la plus claire de son revenu qu'il donne à l'Etat ; ensuite l'amélioration des routes vicinales qui, malgré l'incontestable progrès fait depuis quelques années, sont encore dans beaucoup de départements dans un état déplorable ; enfin la réforme du régime hypothécaire ; et par suite des institutions de crédit établies sur des bases sages, qui mettent un terme à l'usure, fléau de la propriété, en rétablissant l'équilibre entre le produit moyen du sol et le taux de l'argent. Oui, si l'Etat parvient par des encouragements bien entendus et dignes d'un grand pays, à ramener à la culture du sol les bras et les capitaux qui lui manquent, la France verra en peu d'années décupler sa richesse, et par suite sa puissance et sa grandeur.

Réduction du budget.

Le seul moyen de dégrever la propriété des impôts qui la chargent outre mesure, c'est de diminuer d'une manière efficace les dépenses d'un budget anormal et grossissant d'année en année.

La portion des dépenses qui a rapport aux dettes et aux engagements de l'Etat envers ses créanciers et ses anciens serviteurs est sacrée : on ne saurait y toucher sans déshonneur pour l'Etat, sans danger pour le crédit public.

Les dépenses des travaux publics sont des dépenses productives et qui font vivre de nombreux ouvriers. Les retrancher serait une mauvaise économie.

Les réductions sur les dépenses des divers ministères n'offrent que des économies insignifiantes quand elles se bornent à réduire le traitement des fonctionnaires et elles risquent fort de donner de mauvais serviteurs à l'Etat. On proportionne avec raison les services au salaire et les hommes capables déserteront les emplois publics lorsqu'ils ne leur offriront pas une existence honorable. La réduction mesurée du nombre des places donnera, seule, une économie importante, mais insuffisante encore. La seule économie capitale serait la réduction immédiate des trois cinquièmes de l'armée. La France entretient une armée de cinq cent mille hommes qui lui coûte près de cinq cents millions. Ce serait réaliser une économie de près de trois cents millions. En conservant les armes spéciales qui ne s'improvisent point et avec une réserve fortement organisée, la France, nation essentiellement militaire, pourrait pourvoir largement avec deux cents mille hommes au maintien de l'ordre à l'intérieur et mettre sur pied au premier signal une armée capable de faire respecter son indépendance. Et par qui pourrait-elle être menacée? quel roi, quel peuple pourrait songer à l'attaquer? La France, ayant sagement renoncé à toute conquête, et, nous l'espérons, à toute espèce d'intervention, respectera l'indépendance des nations et le droit qu'elles ont de choisir la forme de leur gouvernement, comme elle saurait défendre ses libertés et ses institutions si elles étaient menacées. Du reste, l'Europe entière, ruinée comme nous par cet état de paix armée qui l'écrase depuis dix-huit ans, se hâterait d'imiter notre exemple.

Qu'on se figure l'Etat ayant distribué à l'agriculture ou dépensé chaque année, depuis 1830, en travaux productifs, tels que routes, canaux, chemins de fer, etc., les deux cents millions que la partie inutile de notre armée absorbe sans fruits pour le pays, et qu'on dise si la France ne serait pas aujourd'hui le pays du monde le plus riche et le plus prospère!

Espérons que le nouveau gouvernement que le peuple s'est donné comprendra mieux que ceux qui l'ont précédé l'universel besoin de protéger sérieusement la meilleure source de fortune du pays et de nous donner enfin un gouvernement à bon marché.

Après dix mois de souffrances et d'inquiétudes, la République se trouve définitivement établie par le vote de la Constitution et le choix de son premier magistrat. Cette nomination faite à une immense majorité a été surtout une protestation éclatante contre les idées désorganisatrices qui ont inquiété et effrayé le pays. Aujourd'hui, les socialistes de toutes les écoles sont comptés. Ils resteront désormais dans leur impuissant isolement. La société aspire au calme, à la sécurité et avant tout à l'ordre dans la liberté. Déjà les mandataires du peuple élus sous la terreur des agents et des circulaires d'un ministre trop fameux, ont compris la nécessité de mettre la représentation nationale mieux en rapport avec le pouvoir issu dernièrement du suffrage universel ; bientôt, à l'aspect d'un gouvernement sage et régulier, la confiance renaissant rouvrira les sources trop longtemps taries de la prospérité publique, et la France reprendra sa marche ascendante à la tête des nations libres et civilisées.

Voyez au-delà de l'Atlantique, ce jeune peuple paisible et florissant depuis de longues années, à l'abri d'institutions vraiment démocratiques. Il a eu le courage de conquérir son indépendance ; il a eu la sagesse plus rare de constituer sa liberté sur des bases inébranlables. Non moins heureux que lui, nous fonderons une République démocratique, c'est-à-dire le gouvernement qui peut le mieux sauvegarder les droits et les intérêts de chacun et nous préserver à l'avenir de nouvelles révolutions.

Hâtons de nos vœux le jour où l'Europe ne formera plus qu'une vaste confédération d'états démocratiques où un congrès, non plus de rois, mais de peuples libres,

se réunira pour mettre un terme à cet état de paix en
armes, honte et ruine des nations, et où les citoyens de
chaque profession, soldats pour défendre leur indépendance, sans armées pour conquérir, pourront supprimer
la guerre, cette lèpre du monde civilisé, qui conduit fatalement les peuples au despotisme ou à la barbarie.

Tels sont, à notre avis, les vrais principes sur lesquels
une société régulière et libre puisse être assise. Au-delà
comme en deçà, il n'y a que ruine et révolutions.

PAUL TONDUT,

Fils de l'ancien préfet de l'Ain.

Février 1849.

Bourg, imprimerie de F. DUFOUR.